Jens-Florian Groß

Kunst in Unternehmen - Mit dem Rücken zur Kunst

Kunst in Unternehmen - Mit dem Rücken zur Kunst

Jens-Florian Groß

Kunst in Unternehmen - Mit dem Rücken zur Kunst

GRIN Verlag

Bibliografische Information Der Deutschen Bibliothek: Die Deutsche Bibliothek verzeichnet diese Publikation in der Deutschen Nationalbibliografie; detaillierte bibliografische Daten sind im Internet über http://dnb.ddb.de/ abrufbar.

1. Auflage 2002
Copyright © 2002 GRIN Verlag
http://www.grin.com/
Druck und Bindung: Books on Demand GmbH, Norderstedt Germany
ISBN 978-3-638-93349-0

<u>Kunst in Unternehmen</u>

<u>Mit dem Rücken zur Kunst</u>

Universität Lüneburg

9.4.2002

Jens-Florian Groß
2. Semester

Einführung in die Kunstsoziologie
Seminar 61501 (A1)
WS 2001/2002

INHALT

KUNST IN UNTERNEHMEN - MIT DEM RÜCKEN ZUR KUNST

KUNST IN UNTERNEHMEN.. 1

MIT DEM RÜCKEN ZUR KUNST.. 1

INHALT..2

EINLEITUNG UND FRAGESTELLUNG...3

MACHTGESTEN...4

Kunst als Statussymbol und Einschüchterungsfaktor 4

MARKENKUNST...6

Kunst als Marke und Marken als Kunst..6

KUNSTKOMMUNIKATION..8

Kunst als Mittel der internen Kommunikation...8

FAZIT..10

VERWENDETE LITERATUR...12

EINLEITUNG UND FRAGESTELLUNG

Wolfgang Ullrich sucht in seinem Buch „Mit dem Rücken zur Kunst" Antworten auf die Frage: *Warum präsentieren sich Manager und Politiker verstärkt in Verbindung mit vor allem moderner Kunst?*[1]

Er konzentriert sich dabei sehr stark auf die Außenrepräsentation und Außenwahrnehmung der Firmen und ihrer Führungspersönlichkeiten. Ich möchte die Fragestellung durch die Überlegung: Was bewirkt Kunst im Unternehmen? erweitern.

Wie korrespondieren interne Kommunikation und öffentliches Bild, wie wirkt sich Kunst im Unternehmen auf die Unternehmenskultur aus und wie kann darüber wiederum eine Wirkung nach Außen erzielt werden?

Damit konzentriere ich mich auf die Punkte *Einschüchterung, Motivation und Machtgesten* und *Marke Kunst, Marke Künstler* meines Referats, erweitere diese aber durch Bezugnahme auf den Kongress „Karrieren zwischen Kunst und Kultur, Kommunikation und Wirtschaft" der am 13.2.2002 im Mediapark Köln stattfand.[2]

Es werden also drei Probleme behandelt:

> erstens: Kunst als Machtgeste / Statussymbol,
>
> zweitens: Kunst als Marke und Marken als Kunst,
>
> drittens: Kunst als Mittel der internen Kommunikation.

Die Vielfalt dieser Themen erzwingt, dass einige Punkte nur kurz behandelt werden können, da andernfalls der allgemeine Charakter der Arbeit, die einen kompakten Überblick und einige kurze Einblicke zu geben versucht, verloren ginge.

---

[1] Ullrich, Wolfgang (2000): Mit dem Rücken zur Kunst. Die neuen Statussymbole der Macht. Berlin: Wagenbach

[2] Die schriftliche Dokumentation zum Kongress ist noch nicht erhältlich, ich stütze mich auf meine Notizen, als Teilnehmer, das Programm der Veranstaltung ist den Literaturangaben angefügt. Verweise auf den Kongress kennzeichne ich durch den Namen des Referenten / der Referentin in einer Fußnote.

MACHTGESTEN

KUNST ALS STATUSSYMBOL UND EINSCHÜCHTERUNGSFAKTOR

Kunst ist ein Statussymbol geworden, ein Symbol das die erhabene Stellung des Eigners unterstreichen soll, und tritt damit in die Nachfolge traditioneller Statussymbole.[3] Doch was zeichnet ein Statussymbol aus? Welche Eigenschaften besitzt es, dass es sein Charisma auf den Eigentümer übertragen kann oder zumindest dessen Nimbus zu unterstreichen vermag? *Wer sich mit zeitgenössischer Kunst umgibt und in Szene setzt, [...] darf [...] ebenfalls als Vertreter einer heldenhaft-tapferen Avantgarde erscheinen.*[4]

Herausragende Merkmale sind die assoziative Verknüpfung des Symbols mit der herrschenden Schicht, seine geringe Verfügbarkeit und der daraus hervorgehende hohe materielle und ideelle Wert.

All diese Erkennungszeichen sind stark Kontext abhängig, daher konnte sich das Telefon[5] ebenso wenig seinen Rang als Statussymbol erhalten wie Reichsapfel und Szepter. Das Telefon ist zum Massenartikel geworden, einzig das Mobiltelefon aus Gold mit Diamantbesatz hat in arabischen Ländern noch eine Statusfunktion, Reichsapfel und Szepter sind hingegen mit monarchischer Herrschaft verbunden, in einer modernen Gesellschaft haben sie nur noch historischen Wert.[6]

Kunstwerke haben zu allen Zeiten Seltenheitswert, sind stets teuer und je nach Stilrichtung eng mit den Idealen der Herrschaft und den Insignien der Macht verbunden. Ältere Werke zeugen von Traditionsbewusstsein und einem Erbe der Macht, moderne oder zeitgenössische Kunst signalisiert Fortschrittsgeist und intellektuelle Überlegenheit.[7] Letzteres ist in einer Zeit, in der die Regierenden Manager und die Manager politisch vorrausehend sein müssen zur entscheidenden Eigenschaft geworden. Der hohe Wert der (scheinbaren)

---

[3] Vgl. W. Ullrich, S. 12

[4] W. Ullrich, S. 19

[5] W. Ullrich, Abb. 11 und 12 S. 55

[6] Vgl. W. Ullrich, S.58f

[7] Vgl. W. Ullrich, S.36f.

geistigen Überlegenheit liegt in ihrer Unerreichbarkeit, ein Aufsteiger kann Macht und Geld sammeln, dieses symbolische Kapital, aber nur schwer erlangen. *Anstatt der abgebildeten Person direkt seine Reverenz erweisen zu müssen, unterwirft sich der Betrachter dem Kunstwerk, das damit einmal mehr als Stellvertreter fungiert.*[8]

Das Statussymbol moderne Kunst unterstreicht also die Herrschaftsstellung nicht nur, sondern belegt und rechtfertigt sie als angemessene Position einer Person mit besonderem denkerischem Potential.

Deutlich wird dies am Gerhard-Schröder-Porträt von 1998[9] : Der damalige Kanzlerkandidat steht vor einem rot-schwarzen Gemälde von Lienhard von Monkiewitsch, eine Zigarre in der Hand, ein kleines Bücherregal im Hintergrund unter dem Bild. Schröders kämpferischer Blick wird durch die Farbdynamik noch unterstrichen, passend das Rot im Bild im Kontrast zum Schwarz, Analogie zur politischen Farbsprache?

Doch wem gegenüber wirkt das Kunstwerk im Rücken der Manager?

Die Werke wirken auf die Manager selbst, ebenso wie auf die Mitarbeiter, sie sind nicht simple „Motivationsbilder" wie sie Unternehmen noch bis in die 60er Jahre einsetzten.[10] *...[Das Werk] trägt somit auch dazu bei, sich der eigenen Macht zu vergewissern und sie zu behaupten.*[11] Die Bilder sind Ausdruck und (Bestand)-Teil eines neuen Bewusstseins, des Bewusstseins, dass Kultur und damit Kunst ein essentielles Element der Gesellschaft ist. Gerade im globalisierten Kapitalismus kann nur noch die Kultur den Unterschied zwischen den durchrationalisierten Betrieben oder den immergleichen angepasst-mittigen Politikern schaffen, der ihnen den entscheidenden Wettbewerbsvorteil bringt.[12]

Kunst in Unternehmen wird von allen, die das Unternehmen ausmachen, betrachtet und schafft - wenn es sich um wirkliche Kunst handelt - eine Auseinandersetzung, die eine Unternehmenskultur zu prägen vermag.

---

[8] W. Ullrich, S. 48

[9] W. Ullrich, Abb. I

[10] Vgl. W. Ullrich, S. 66

[11] W. Ullrich, S. 40

[12] Andreas Grosz

Der Unterschied zwischen Sony und Grundig war kein technischer, aber nur Sony besaß die Kultur, die ein Produkt wie den Walkman produzieren und verkaufen konnte.[13]

Lässt sich ein Manager mit einem Kunstwerk ablichten, so muss dieses die Kultur seines Unternehmens auf ihn zurückspiegeln, geschieht dies nicht, so ist die Kunst nur eitles Beiwerk, Statussymbol der Person. Erfolgreich eingebundene Kunst aber muss ein Symbol für den Status des Unternehmens sein.

Gerhard Schröder steht für eine bestimmte Generation in der SPD, nicht nur seine persönlichen Vorzüge und Vorlieben unterstreicht das Werk im Hintergrund, sondern es zeigt, dass dieser Kandidat[14] Stellvertreter der sogenannten Toscana-Fraktion ist, die sich als Manager zwischen Montblanc und Bioladen begreift, die liberale Wirtschaftspolitik und Gewerkschaftspolitik in Einklang zu bringen sucht.

MARKENKUNST

KUNST ALS MARKE UND MARKEN ALS KUNST

Markenprodukte sind gewöhnliche Produkte, die mit Werten aufgeladen und dadurch überhöht wurden. Eine Marke ist umgeben von einem Netz aus Mythen und Ideen, von Geschichten die die Werbung erzählt. Eine Vielzahl von Symbolen und Andeutungen machen das Markenprodukt selbst zum Symbol. Das Produkt suggeriert, sein Besitz führe näher an ein besseres Sein, befriedige Bedürfnisse, erfülle die ziellose Konsumwelt mit Sinn. Jedem Kaufrausch folgt die Ernüchterung, die neue Leere, die nur mit immer neuen Produkten gefüllt werden kann, denn die schönen Marken brechen ihre Versprechen, sobald sie aus ihren Verkaufstempeln in die profane Welt des Käufers überführt wurden. Mit dem Besitz der Dinge verliert sich ihre Kraft, wir erkennen wie gewöhnlich die Waren sind und wie fern das in der Reklame beschriebene Glück.

---

[13] Andreas Grosz

[14] Das Bild erschien 1998 im SPIEGEL

Die Kunst kann nicht enttäuschen, sie verliert ihren heiligen Schein nicht mit dem Kauf. Kunst (vor allem moderne) fordert den Geist des Rezipienten, Kunstgenuss ist eine ständige Auseinandersetzung mit dem Werk. Und doch ist auch die Kunst ein Markenprodukt, ein inszeniertes Objekt. Die identische Kopie verliert sofort ihren Wert, wenn die Fälschung offenbart wird.

Echte Kunst enttäuscht nicht, denn es ist niemals das Werk das versagt, sondern stets der Betrachter. *Der Kunde ist nicht König, sondern die Kunst der Fürst!*[15] Yasmina Reza fasste dieses Gebaren überspitzt in ihrem Theaterstück „l'art" zusammen, hier bewundern drei Freunde zunächst eine weiße Leinwand um sich dann nach und nach davon zu entfremden und sich über dieses Kunstwerk lustig zu machen. Doch solange das Werk anerkannt ist, werfen sie den Unverständigen Ignoranz und Dummheit vor.[16]

In letzter Zeit versuchen die Konsumgüter-Produzenten die Unanfechtbarkeit der Kunstwerke - jene Umkehr der Beweislast - auf ihre Produkte zu übertragen. Nicht nur, dass Waren wie Kunstwerke oder Heiligtümer in white cubes oder Konsumtempeln präsentiert werden,[17] sondern auch, dass Ablehnung des Produktes als Fehler oder mangelnde Fähigkeit des Konsumenten und nicht mehr als Makel des Produkts herausgestellt wird.

Der Konsument, der ein bestimmtes Objekt kauft, erwirbt den Passepartout, der ihm Einlass in den Geheimzirkel der Überlegenen gewährt.[18]

Beispiele hierfür finden sich vor allem in der Automobilbranche. Renault und Opel[19] brachten im letzten Jahr extravagante Automobile auf den Markt deren Zielgruppe „die reichen Intellektuellen"[20] sein sollten. Renault verkündete sogar offen, sie rechneten nur mit geringem Absatz ihres „Avantime" denn es gäbe nur wenig Käufer, die gleichzeitig soviel Geschmack und Wirtschaftskraft

---

[15] W. Ullrich, S. 89

[16] Reza, Yasmina : Kunst. Komödie für drei Schauspieler.

[17] Vgl. W. Ullrich, S.87f

[18] Vgl. W. Ullrich, S. 89

[19] Opel verwendet für den Speedster die Bezeichnung: Avantgardistische Optik !

[20] Renault Revue 4/2001

aufweisen.[21] Damit entfernt man sich klar von der (klassischen) Oberklassenstrategie wie sie Daimler-Chrysler mit Mercedes aber auch BMW erfolgreich verfolgt: Autos zu produzieren, die jedermann begehrt, die sich aber nur wenige leisten können. *Ein BMW ist kein demokratisches Verkehrsmittel*[22]

Aber auch die Kunst lernt von der Wirtschaft: die verfeinerten Marketingmechanismen, das Aufbauen eines künstlerischen Profils orientiert an Markenstrategien, das Kokettieren mit der Nichtkäuflichkeit, Autonomie als Wert, der den Marktwert nur noch erhöht. Aktuelle Kunst profitiert deutlich vom Lärmen der Wirtschaft und ganze Kunstzweige wie die Medienkunst wären ohne die enge Verschränkung undenkbar.

Wenn Rosemarie Trockel oder Jörg Immendorff Reklame für Windsor Mode oder die FAZ machen,[23] ist dies keineswegs der Ausverkauf der autonomen Künstlerpersönlichkeit, sondern konsequenter Schritt des Künstlers als Teil der Gesellschaft hin zu einem weiteren Teilbereich gesellschaftlichen Lebens. *Immendorff lässt sich hier nicht für etwas Fremdes einspannen*[...][24] Ein Künstler kann niemals außerhalb der Gesellschaft stehen, dessen muss er sich bei aller - vermeintlichen - Autonomie bewusst sein.

KUNSTKOMMUNIKATION

KUNST ALS MITTEL DER INTERNEN KOMMUNIKATION

Kunst in Unternehmen wird zunehmend zur Verbreitung der Unternehmenskultur - zur internen Kommunikation und Auseinandersetzung über Werte und Normen eingesetzt. Damit entfernt man sich vom Bild des Kultursponsorings zur Außenrepräsentation, Sponsoring ist Marketing, Kulturkommunikation hebt sich davon deutlich ab.

---

[21] „Die kreative Leistung, die bereits die Basis bei den Fiftie, Ludo und Vel Satis bildete, war auch die treibende Kraft bei der Entwicklung des Avantime. Entworfen für Menschen, die die Klarheit und Reinheit von Ästhetik zu schätzen wissen, steht der Avantime für puren Genuss.[...] Denn der Avantime bietet Ihnen Innovationen der Extraklasse, exklusiv [...]Avantime - ein Auto, das zum Spiegelbild Ihrer Persönlichkeit wird!" Renault Online

[22] Christiane Zentgraf

[23] W. Ullrich, Abb. 24-27

[24] W. Ullrich, S. 96

Kultur soll das Selbstverständnis des Unternehmens tragen und nicht Produkte bewerben[25] dabei ist die Kommunikation ein Zweck, auf den durch den Einsatz von Kultur abgezielt wird, Kommunikation durch Kultur ist also kein Mäzenatentum.

Wie geschieht die Auseinandersetzung mit der Kunst? Und vorallem wie gelingt der Transfer, wie übertragen sich die erhofften positiven Effekte auf ein Unternehmen?

Das älteste Instrument ist die „Corporate Collection" - die Kunstsammlung eines Unternehmens. Verstärkt in den 80er Jahren begannen Unternehmen auch in Deutschland Kunst anzukaufen, in den Vereinigten Staaten schon wesentlich eher. Vor allem Banken und Versicherungen kauften Kunst und statteten damit ihre Büros und Kundenbereiche aus. Die Deutsche Bank verfügt mittlerweile über mehr als 40.000 Werke, die Axa Versicherung über rund 3.000 Stücke[26]. Diese werden in wechselnden Ausstellungen in Büros und Geschäftsräumen gezeigt, sind aber auch als Datenbank für jeden Mitarbeiter verfügbar und bei der Axa sogar als Bildschirmschoner abrufbar.

Über dieses Sammeln und Ausstellen von Kunst hinaus gehen die Aktionen der Deutschen Bank und der BMW.

Die *Identity Art Exhibition* sollte nach der Fusion mit Bankers Trust, New York, zu neuem Nachdenken über die Corporate Identity führen. Es ging um die Suche nach den gemeinsamen Vorstellungen von der Deutschen Bank, immerhin arbeiten nur noch 50% der Mitarbeiter überhaupt in Deutschland, die übrigen sind weltweit verteilt. Diese Multinationalität wirft Probleme auf und bringt verschiedene Vorstellungen darüber, was die Deutsche Bank ist und was sie sein soll hervor.

Um dieser Frage nachzugehen und die Wertvorstellungen im Unternehmen zu vereinheitlichen wurde ein Maßnahmenbündel beschlossen: Broschüren für die Mitarbeiter, Meetings, in denen Werte diskutiert wurden, ein Identity Award wurde geschaffen - mit Auswirkungen auf den Gehalts-Bonus, eine Value

---

[25] Christiane Zentgraf

[26] Dr.Wessel

Display Installation wurde entworfen und der Wettbewerb zur *Identity Art Exhibition* ins Leben gerufen.

Dieser Wettbewerb entstand in Kooperation mit der Hochschule für Gestaltung Offenbach[27] und hatte die Fragestellung „Was bedeutet Identität am Anfang des 21. Jahrhunderts?" zum Thema. Er wurde an vier Universitäten in vier Ländern (Spanien, Deutschland, Japan, USA) ausgeschrieben und endete mit der Kür von 5 Siegern, deren Werke dann wiederum in den Unternehmensniederlassungen ausgestellt und diskutiert wurden.[28]

Ähnlich geht auch BMW vor, hier bemüht man sich jedoch mehr um Musik denn um bildende Kunst, denn, so Christiane Zentgraf, ein Designobjekt wie ein BMW benötigt im Gegensatz zu den gesichtslosen Banken und Versicherungen, die im bildleeren Raum arbeiten, kaum zusätzliche Bilder. Aber auch BMW unterstützt bildende Künstler, allerdings mit anderem Anspruch: BMW erhebt keinen Anspruch auf die Werke, kauft diese nicht auf und bezahlt auch die Künstler nicht. [29] BMW stellt lediglich Mittel, Logistik und sein Netzwerk zur Verfügung, im Gegenzug dazu erhofft man sich von den Netzwerken der Kunst zu profitieren, wie es zum Beispiel durch Zusammenarbeit mit dem Goethe Instituten geschah.

FAZIT

Bei aller Euphorie über den Einzug der Kunst in Politik und Wirtschaft bleiben Fragen offen: Vor allem stellt sich die Frage nach der Dauerhaftigkeit dieser Entwicklung. Wolfgang Ullrich stützt sein Buch auf die Beobachtung deutscher Zeitschriften zwischen 1997 und 2000, kann aber über längerfristige Tendenzen keine Auskunft geben. Ruth Riechert, die die *Identity Art Exhibition* der Deutschen Bank plante, sprach sich besorgt über die Zukunft derartiger Projekte aus: es seien immer noch diese Arbeiten, die an erster Stelle eingespart würden.

---

[27] Für die HfG war Prof. Bernd Kracke federführend

[28] Die Sieger waren: Noriyuki Fujimurai, *Remote Furniture*; Ramsel Ruiz, *Global In-Identity*; Nina Tobin, *BIOT*; Amparo Sard, *Endless Labyrinth*; Armin Weber, *Somewhere in my mind*.

[29] Besonders beachtlich das Projekt „*Quite Normal Luxury*" von Swetlana Heger/Plamen Dejanov von 2000/2001

Ich habe versucht in Zeitschriften wie Manager Magazin, Capital und Der Spiegel Belege für die Fortdauer des von W. Ullrich beschriebenen Trends zu finden, musste aber feststellen, dass jüngere Unternehmerporträts meist einfarbige, nichtssagende Hintergründe aufwiesen oder dass sich die Manager schlicht vor den Logos ihrer Firmen ablichten ließen.

Fraglich ist auch, welchen Wert diese Entwicklung, sofern sie denn andauert, für die Kunst hat. Ich denke, diese Frage kann nur ideologisch beantwortet werden: wenn Kunst sich als Gegenpol zur Gesellschaft versteht, muss sie sich auch mit Wirtschaft befassen, aber ebenso die Vereinnahmung durch diese als Gefahr ansehen. Begreift man die autonome Kunst als neben oder über der Gesellschaft stehend, so bedeutet der Kontakt mit Unternehmen eindeutig eine Bedrohung dieser Autonomie.[30] Sieht man hingegen Kunst als Teil der Gesellschaft - und meiner Meinung nach kann sie niemals etwas anderes sein - so ist dieser Kontakt zu begrüßen und es bleibt zu hoffen, dass aus diesen Verflechtungen junge Künstler kreativ schöpfen. *Über den Fachleuten gibt es noch eine höhere Instanz, und das ist - in Gestalt der Nationen – die Menschheit.*[31]

---

[30] Für diese Position, die Kritik am Einzug des ökonomischen Denkens in alle und damit auch kulturelle Bereiche übt, stehen beispielhaft Pierre Bourdieu oder auch aus einem osteuropäischen Kontext kommend Stanislaw Lem.

[31] Lem, Stanislaw (1989): Philosophie des Zufalls. Zu einer empirischen Theorie der Literatur. Band 1. Frankfurt.S.222

VERWENDETE LITERATUR

Arndt, Holger (2000): Stanislaw Lems Prognose des Epochenendes. Die Bedrohung der menschlichen Kultur durch Wissenschaft, Technologie und Dogmatismus. Darmstadt. Wissenschaftliche Buchgesellschaft.

Bourdieu, Pierre (2001): Kultur in Gefahr. In: ders. Gegenfeuer 2. Konstanz S.82-99

Lem, Stanislaw (1989): Philosophie des Zufalls. Zu einer empirischen Theorie der Literatur. Band 1 und 2. Frankfurt. Suhrkamp. (erstmals in Polen 1968)

Renault Deutschland GmbH. Renault Revue 4/2001. Brühl bei Köln.

Reza, Yasmina (2000): Kunst. Komödie für drei Schauspieler. Libelle Verlag
Reza, Yasmina (1999): Art. Paris. Actes Sud-Papiers

Ullrich, Wolfgang (2000): Mit dem Rücken zur Kunst. Die neuen Statussymbole der Macht. Berlin. Wagenbach Verlag

Programm   13. Februar 2002 – 10:00 Uhr

[Begrüßung und Eröffnung] Verena Voigt, M.A., Fachjournalistin, Veranstalterin Praxisforum Berufsorientierung (Rosendahl)

und Günter Ermann, Hauptstelle der Bundesanstalt für Arbeit, Referent für berufliche Beratung (Nürnberg)

Thema **Identity Art Exhibition – Kunst als transkulturelles Kommunikationsinstrument**

ReferentIn Ruth Riechert, Deutsche Bank AG, Vice President Group Internal Communications (Frankfurt) und Prof. Bernd Kracke, Hochschule für Gestaltung Offenbach, Dekan des Fachbereichs Visuelle Kommunikation, Lehrstuhl für Elektronische Medien, Leiter des CrossMediaLabs (Offenbach)

Thema **Corporate Collecting – Judiz und Ignoranz, was belebt die Unternehmenskultur?**

ReferentIn Dr. Thomas Wessel, AXA Art Versicherung AG, Mitglied des Vorstands (Köln)

Thema **Künstlerische Prozesse als Lernfelder für Strategie- und Personalentwicklungen**

ReferentIn Dr. Johannes Terhalle, Unternehmensberatung, Visionsentwicklung, Personal und Führungskräfteentwicklung (Tübingen)

Thema **BMW KulturKommunikation als Unternehmenskommunikation**

ReferentIn Christiane Zentgraf, Leiterin des Referats KulturKommunikation der BMW Group, München

Thema **Neue Allianzen zwischen Wirtschaft und Kultur – Das Sony Kulturprogramm**

ReferentIn Andreas Grosz, Andreas Grosz Unternehmenskommunikation, Kommunikations- und Innovationsmanagement, Zukunftsforen, Kulturprogramme für Sony GmbH, EON (Köln)

Thema **Chancen und Perspektiven unternehmerischer Kulturförderung**

ReferentIn Dr. Susanne Litzel, Geschäftsführerin des Kulturkreises der Deutschen Wirtschaft im BDI e.V. und des Arbeitskreises Kultursponsoring (Berlin)

Thema **Initiativbewerbung: innovativ und individuell**

ReferentIn Anke Stein, Personalberaterin, access AG (Köln)

http://www.kulturportale.de